Das Weltbild der Chinesen bezeichnet den Ursprung aller Dinge als „Taiqi". Er ist unsichtbar.

Wenn sich die Dinge zeigen, unterteilt man sie in Yin und Yang. Sie sind das sichtbare Taiqi und stehen im Gegensatz zueinander. Zugleich sind Yin und Yang miteinander verzahnt, sie bilden eine Einheit. Sie stehen nicht still, sondern befinden sich immer in Verwandlung. Aus der Kombination von Yin und Yang entstehen die Elemente; aus ihnen ergeben sich alle anderen Dinge. Auf die Gartengestaltung wirkt sich das folgendermaßen aus: Der Yin-Garten liegt im Norden, er ist schattig, kühl und feucht.

Das Bagua mit „Gartenthemen"

Energie für die Sinne

Inhalt

Im Einklang
mit der Natur

Es ist ein zentraler Wunsch des Menschen, mit sich und der Welt in Frieden zu leben. Feng Shui bietet die Möglichkeit, einen kleinen Ausschnitt von traditionellen und universellen Gesetzmäßigkeiten kennenzulernen, um die Muster der Harmonie zu entdecken. Das Erkennen der Energiemuster kann zu einem Wandel des Bewusstseins führen. Möglicherweise werden Sie erleben, dass die Umgebung, in der Sie wohnen und arbeiten, oder dass die Lage Ihres Gartens einen unmittelbaren Einfluss auf Sie selbst hat. Wenn Sie sich das bewusst machen, können Sie mit den Energien arbeiten und Ihr Wohlbefinden steigern.

Der Anblick eines harmonisch gestalteten Gartens ist eine Bereicherung für Sie, da er Sie ausgeglichener und entspannter werden lässt. Eine harmonische Gestaltung ist kein Zufall, sondern das Ergebnis von Intuition und der Anwendung von allgemein gültigen Gesetzen. Das scheint uns in Europa fremd, weil unser Wissen um Energien und Kraftfelder in Vergessenheit geraten ist. Unseren individuellen Gartengestaltungen fehlt oft der Bezug zu unserer Umwelt mit ihren Energien. Doch erst die Verbindung von individueller Gestaltung und universellen Mustern schöpft das Potenzial von uns selbst und unserer Umgebung voll aus. ●

Es wachsen herrliche Farne in ihm. Der Garten wirkt introvertiert, weich und strahlt eine wohltuende Ruhe aus.

Der Yang-Garten liegt im Süden, es ist ein sonniger, trockener Steingarten. Viele gelb blühende Pflanzen strahlen Wärme aus. Der Garten wirkt offen und extrovertiert, die Steine vermitteln eine gewisse Härte und das Schwirren der Schmetterlinge und Bienen bringt Bewegung hinein. ●

Pflanzen und ihre Elemente

SPEZIAL

Was ist Feng Shui?

Feng Shui ist die taoistische Philosophie vom Leben in Harmonie mit der Umgebung. Wörtlich übersetzt bedeutet Feng Shui „Windwasser", also die Verquickung von Bewegung mit Stille.

Hinter dem Begriff Feng Shui verbergen sich viele verschiedene Richtungen und Techniken. Allen gemeinsam ist das Ziel, unseren Platz in unserer Welt zu erkennen und ihn anzunehmen. Indem Sie sich Ihrer Rolle im Leben bewusst werden, können Sie auch die Energien der Umgebung wahrnehmen. Diese Energien können Sie als Muster von Bewegung und Beständigkeit schätzen und ihre gegenseitigen Abhängigkeiten erfassen. Man erahnt es intuitiv: Es gibt Kräfte hinter den gewöhnlichen Dingen in unserem Alltag, die unser Leben mitbestimmen. Mit dem Erkennen der Energien verbindet sich die Hoffnung, unser Schicksal im Beruf oder in der Beziehung positiv zu beeinflussen.

Feng Shui in der Praxis

Ein harmonisches Muster beinhaltet die Ordnung der vier Jahreszeiten und ein ausgewogenes Verhältnis von Yin und Yang. Das Streben der Feng-Shui-Experten besteht darin, diese harmonischen Beziehungen der Dinge untereinander im Gleichgewicht zu halten. Die Kunst bei Feng Shui besteht darin, selbst bei nachteiligen Bedingungen Muster auszugleichen und ins Wanken geratenes

Kegelförmiger Buchs bedeutet Feuer, dem die Erde in Beetform folgt.

Gleichgewicht wieder her-
zustellen.

▸ **Die Idee der fünf Elemente**
und deren Abhängigkeit
werden hier auf die Pflan-
zen- und Gartenwelt über-
tragen.

▸ **Das Bagua,** ein energe-
tisches Raster, entsteht,
wenn die fünf Elemente in
Beziehung zu uns Menschen
gesetzt werden. Das Bagua
stellt unser gesamtes Leben
in ständigem Wandel dar.
Mit Hilfe des Baguas kön-
nen Sie Ihr Lebensthema
erkennen. Gleichzeitig wird

*Kugelförmiger Buchsbaum wird dem Metall zugeordnet, die
Verwendung als Beetumrandung macht ihn zum Erdelement.*

Ihnen gezeigt, wo Sie
sich gerade befinden und
mit welchem Element
Sie Ihr Thema unterstützen
können.

▸ **Die Lebenskraft Chi** wohnt
den Strukturen des Baguas
und der Elemente als
Bewegung inne. Der leben-
dige Energiestrom ist die
Grundlage unseres Seins.
Alles ist Schwingung und
damit unsichtbare, aber
fühlbare Energie. Sie wird

in konkreter Materie wie
etwa in der Landschaft und
ihren Formen, in Farben
und Düften sichtbar und
kann auch gestärkt werden.
Feng Shui ist eine intuitive
Synthese von Schwingun-
gen oder Energien und
Materie beziehungsweise
der Form. Der Mensch als
ein Teil der Natur besitzt
die Fähigkeit der Erkenntnis
und sollte im Einklang mit
der Natur handeln. ●

Die fünf Elemente

Alle Erscheinungen dieser Welt lassen sich im Rahmen der chinesischen Philosophie fünf Grund-Energien zuordnen, die untereinander in Beziehung stehen. Diese Energieformen sind als die fünf Elemente bekannt.

Es geht bei der Betrachtung der fünf Elemente nicht im eigentlichen Sinn um Wasser, Erde, Holz, Feuer und Metall, sondern um Energieprinzipien oder die „energetische Essenz". Und diese Prinzipien kann man auf ganz unterschiedliche Weise beschreiben. So kann man die Energie des Elementes Holz als grün, rechteckig, erhellend, gütig, ärgerlich und sauer bezeichnen. Auch die Energien der anderen Elemente können unterschiedlich dargestellt werden.

Element	Holz	Feuer	Erde	Metall	Wasser
Form	Rechteck, Quader, Säule	Dreieck Pyramide Stern	Quadrat, breit, gedrungen	Rund, Kuppel	wellenförmig, formlos
Farbe	Grün, Blaugrün	Rot, Orange Lila, Rosa	Gelb, Beige Braun, Ocker	Weiß, Silber Grau, Gold	Dunkelblau, Schwarz
Material	Holz	Kunststoff, Feuer	Keramik, Ton, Sand	Metall	Wasser, Glas
Chi	erhellend	wärmend	mobil	atmosphärisch	fließend
Gefühl	Güte und Ärger	Freude und Hass	Ruhe und Sorge	Mut und Gram	Milde und Furcht
Geschmack	sauer	bitter	süß	scharf	salzig
Zeit und Raum	Frühling, Osten, Morgen	Sommer, Süden, Mittag	Spätsommer, Südwest, Nachmittag	Herbst, Westen, Abend	Winter, Norden, Nacht
Symboltier	Drache	Phönix	Schlange	Tiger	Schildkröte
Bedeutung	Ausdehnung und Wandel	Leidenschaft und Stoffveränderung	Stabilität und Sicherheit	Klarheit und Wohlstand	Beweglichkeit und Kraft

Entstehung der Energien

Nach taoistischer Lehre ist die Energie aus einer Kombination von Yin und Yang, Himmel und Erde entstanden. Aus dieser Kombination ergibt sich die zeitliche Komponente mit den vier Jahreszeiten Frühling, Sommer, Herbst und Winter und der Raum mit den vier Himmelsrichtungen Osten, Süden, Westen und Norden. Aus dem Zusammenspiel von Zeit und Raum ergeben sich dann die vier Erscheinungen:

Yang/Yang = Feuer,
Yang/Yin = Metall,
Yin/Yang = Holz
Yin/Yin = Wasser.

Ergänzt werden die vier Erscheinungen durch die Mitte, dargestellt durch das Element Erde.

Die Rolle der Pflanzen

Die Pflanzen sind den fünf Elementen nicht eindeutig und fest zuzuordnen. Betrachten wir als Beispiel den Buchsbaum. Zunächst ist jede Pflanze lebendig und dehnt sich aus, sie wächst und ist grün und verkörpert

Sitzgruppe mit Bambus, dem Holzelement.

damit eigentlich immer das Element Holz. Gleichzeitig zeigen die Abbildungen auf den Seiten 8 und 9, dass ein kugelrund geschnittener Buchsbaum gemäß seiner gestalteten Form dem Element Metall zugeordnet werden kann. Wird der Buchsbaum als niedrige Beeteinfassung verwendet, so kann die rechteckige Heckenpflanzung dem Element Erde zugerechnet werden. Eine kegel- oder pyramidenförmige Buchsbaumform stellt das Feuerelement dar und ein wellenförmiges Buchsmuster bringt das Element Wasser zum Ausdruck.

Dabei ist es ein Unterschied, ob Sie die Blattstruktur, die Blütenform und -farbe betrachten oder ob Sie die Energie der ganzen Pflanze spüren. Welche Zuordnung oder Betrachtungsweise Sie wählen, hängt von Ihrer Wahrnehmung ab. ●

Element Holz

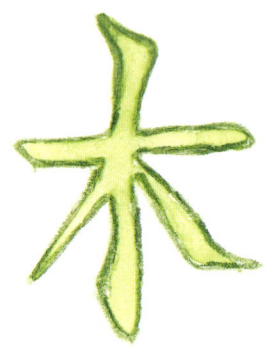

Holzenergie und Pflanze

Das Element Holz ist eine stimulierende Energieform. Sie beinhaltet Bewegung in alle Richtungen, wie es beim Keimling im Garten zu sehen ist. Der wuchernde Schling-Knöterich (*Fallopia baldschuanica*) bringt seinen Willen, alles zu bedecken,

zum Ausdruck; Bambus sowie Gummibaum setzen mit ihrem Höhenwachstum Impulse. Wachstum in alle Richtungen: ein Bild des Sprießens im Frühlingsgarten, das beweglich und lebendig ist.

Aber es ist nicht nur das Neue und Aufregende, das durch diese Energieform sichtbar wird, sondern auch das Nährende und Heilende. Die Farbe Grün stimmt uns optimistisch und schon der Anblick eines grünen Gartens wirkt heilend und wohltuend.

▸ **Unterstützung der Holzenergie durch Wasser:** Wenn die Pflanzen kein Wasser bekommen, vertrocknen sie. Das sich ausbreitende Holz mit raumgreifenden Blättern wie bei der Kastanie oder auch der Kapuzinerkresse verlangt nach Unterstützung durch die fließende Bewegung der Ranken oder einer Unterpflanzung. Aus der Unterstützung heraus entwickelt sich die Holzenergie zur

Das Blatt und der Wuchs der Kapuzinerkresse wird dem Holz zugeordnet.

Feuerenergie: Die Kapuzinerkresse blüht orange, rot und gelb.

▸ **Kontrolle der Holzenergie durch Metall:** Ein Zuviel an Holz, Wachstum und Kraftentfaltung können Sie durch konzentrierte Metallenergie bändigen. Indem Sie Ihre Bäume in Form bringen, schaffen Sie eine andere Energiequalität. Dazu eignen sich zum Beispiel auch runde Granitkugeln verschiedenster Größe und Metallzäune oder Metallskulpturen.

Energie bei Stagnation

Wenn Sie eine Pflanze der Holzenergie zuordnen, denken Sie daran, nicht nur auf die Blütenfarbe oder -form zu achten, sondern auf die Gesamtenergie der Pflanze. Die Energie ist ungestüm, schnell und raumgreifend. Das muss auch durch die Pflanze zum Ausdruck kommen.

Die Energie hilft bei Stagnation, Egozentrik und Trägheit, indem sie Eroberungsdrang, Veränderungen und Kraftentfaltung begünstigt. Sie brauchen diese Energien, um sich gesund zu fühlen und Sie erleben diese Kräfte, wenn Sie innerlich reich und glücklich sind.

Holzenergie in Raum, Zeit und Materie

Der Anfang, das Neue findet seine Entsprechung in der Himmelsrichtung Osten, also dem Beginn eines neuen Tages, und der Jahreszeit des Frühlings. Die Energie-Reserven werden zu kraftvollen Wachstumsschüben der Sprosse und Stängel. Die Entfaltung der Blätter entspricht der offenherzigen Intuition des Spätfrühlings. Das ganze Ausmaß des Wandels kommt durch die Vielfalt an Blättern zum Ausdruck. Alle Stoffe wie Jute, Papier oder Baumwolle, die man aus pflanzlichen Fasern herstellen kann, entsprechen dem Element Holz.

Grüne Gräservielfalt weist auf das Element Holz hin.

Pflanzliche Symbolträger des Elementes Holz

Pflanzen	Bambus, Lorbeer, Pappel, Zypresse, Gräser, Kräuter, Knöterich
Blatt/Blüte	Kastanienblatt, Kapuzinerkresse
Gestaltete Pflanzen	Säulenform von Eibe oder Wacholder

Element Feuer

Feuerenergie und Pflanze

Das Element Feuer ist eine leidenschaftliche und klärende Energieform. Sie ist zielgerichtet und stellt den Höhepunkt der Kraft dar.

Geschmacksfeuer hinweist. Die Brennende Liebe (*Lychnis chalcedonica*) mit feuerroten Blüten versinnbildlicht die wärmende, feurige Liebe. Es entsteht aber auch eine Assoziation zum Denken oder zum „Intellekt",

Der Name verrät das Element: die Brennende Liebe!

Die Form der Feuerenergie ist unbeständig und voller Spannung. Sie kommt durch die spitzen Blätter der Yucca-Palme ebenso zum Ausdruck wie durch die roten Paprikaschoten, deren Anblick schon auf das

wenn man Kakteen betrachtet: Aus Sicht der Pflanzen ist es schon sehr pfiffig, wie die Kakteen sich mit ihren Dornen vor Feinden schützen und gleichzeitig damit den morgendlichen Tau auffangen!

▸ **Unterstützung der Feuerenergie durch Holz:** Ohne Holz kann Feuer nicht brennen! Nur wenn Sie kräftige Pflanzen herangezogen oder gekauft haben, werden Sie eine reiche Blüte erleben. Aber Vorsicht vor zuviel Feuerenergie! Sonst wird es bei begrenzten Räumen wie Ihrer Terrasse oder dem Balkon schnell ungemütlich! Ein paar feurige Elemente wie einzelne, leuchtend blühende Solitärpflanzen oder eine stimmungsvolle Gartenbeleuchtung reichen vollkommen aus.

▸ **Kontrolle der Feuerenergie durch Wasser:** Sie können die starke Feuerenergie durch Wasser „löschen". Weich fließende Pflanzen in kühlen Blautönen oder Accessoires aus Glas sowie ein Miniteich in einem Gefäß führen eine spannungsreiche Atmosphäre wieder in ruhiges Fahrwasser. Auf der Terrasse erreichen Sie durch ein schattiges Plätzchen oder eine Schattierung auch ein wenig Abkühlung.

Energie bei Traurigkeit und Depression

Die Pflanzen mit Feuerenergie besitzen mit ihrer Gesamtenergie eine große Dynamik. Mit den diagonalen Linien der Dreiecksform ist die Energie zielgerichtet und sehr aktivierend. Sie symbolisiert Leidenschaft und Aufbruchsstimmung. Die Energie hilft uns, wenn wir einer Veränderung Ausdruck verleihen wollen, indem sie unser Können in bare Münze wandelt. Sie brauchen diese Energien auch bei Traurigkeit und Depressionen und um sich erfolgreich zu fühlen. Sie erleben Feuer, wenn Sie in einer wärmenden Atmosphäre geistig aktiv sind.

Feuerenergie in Raum, Zeit und Materie

Der Höhepunkt der Kraft findet seine Entsprechung im Süden und der Mittagszeit sowie der Jahreszeit des Hochsommers. Der Beginn der Blütezeit lässt das ganze Ausmaß der Pflanzenvielfalt deutlich sichtbar werden. Man kann die Pflanzen mit Hilfe ihrer Blüte unterschei-

Die Paprikafrucht auf der Terrasse verkörpert Feuer.

den und ihren Farb- und Formenreichtum bestaunen. Alle Kunststoffe, die man als Accessoires im Garten verwendet, sowie feurige Elemente wie Kerzen oder Fackeln verkörpern das Element Feuer.

Pflanzliche Symbolträger des Elementes Feuer

Pflanzen	Fichte, Magnolie, *Bougainvillea*, Edelrose, Gladiole, Paprika, Phoenix- und Yucca-Palme, Farne
Blatt/Blüte	Brennende Liebe, Fackellilie, Iris, *Calla*, Bromelie, Agave, Ahorn
Gestaltete Pflanzen	Buchsbaum in Kegelform, Feuer-Bohnen am Spalier

Element Erde

Erdenergie und Pflanze

Das Element Erde ist eine stabilisierende, erdende Energieform. Man verbindet mit ihr Stabilität und Reglosigkeit. Beständigkeit wird in der Pflanzenwelt durch den immergrünen, langsam wachsenden Kriech-Wacholder (*Juniperus horizontalis*) ausgedrückt. Stabilität kommt auch in Form von eckigen Beeten, die mit einjährigen Beetpflanzen bepflanzt werden, zum Ausdruck. Hier wird die Individualität der einzelnen Pflanze zugunsten eines farbigen Gesamtbildes zurückgesetzt. Die Farben der Energieform sind Gelb- und Brauntöne wie die Erde, in der die Pflanzen wachsen, und wie die Tonmauer, die umfriedet und schützt.

▸ **Unterstützung der Erdenergie durch Feuer:** Die Wirkung von Ruhe und Sicherheit kann man besonders intensiv nach einer Stresssituation wahrnehmen. Eine feurige Dreieckskulptur oder ein Indianerzelt verlangt

Die Blüte der Zistrose gehört *mit ihrer quadratischen Form zum Erdelement.*

nach einer ruhigen Fläche. Die rötlichen Farben des Feuers harmonieren gut mit den gelbbraunen Tönen der Erde, wie man sie vom mediterranen Ambiente her kennt. Ein Paradebeispiel sind spitzblättrige Agaven oder Fächerpalmen im Ter-

rakotta-Kübel in einem sonnigen Innenhof.

▸ **Kontrolle der Erdenergie durch Holz:** Die Holzenergie stimuliert die Umgebung und dämmt die Ausdehnung der Räume ein. Schnell wuchernder Knöterich oder sich rasant ausbreitender Bambus nehmen der Erde Raum und sorgen für Bewegung. Wenn man das Wuchern nicht in Grenzen halten kann, wird die Wirkung der Erdkraft unterdrückt.

Energie bei Unsicherheit

Es gibt nur sehr wenige Pflanzen, die die Erdenergie in ihrer Gesamtheit wiedergeben. Aber auch einzelne Blüten der Zistrosen (*Cistus*-Arten) oder des Kalifornischen Mohns (*Eschscholzia californica*) symbolisieren mit der eher quadratischen Blütenform die Erdenergie. Die schnelle Vergänglichkeit der Blüten weist auf die Mobilität der Energie hin. Wir finden diesen Aspekt auch in quadratischen Räumen, die wir schnell durchschreiten können. Es ist eine Mobilität ohne Risiko, die zur Stabilität und Sicherheit dazugehört. Sie brauchen diese Energie, um Konflikte beizulegen oder um sich mit anderen Menschen zu verbinden. Der Geruch von Erde kann Ihnen das Gefühl vermitteln, verwurzelt zu sein. Sie sind geerdet, wenn Ihnen die Individualität nicht so viel bedeutet und Sie die Sicherheit mehr lieben als das Risiko.

Erdenergie in Raum, Zeit und Materie

Die Reglosigkeit findet ihre Entsprechung im Spätsommer, wenn die Früchte reif werden. Ein Garten strahlt dann eine gelassene Ruhe

Gelb blühende Pflanzen in der Beetgestaltung symbolisieren das Erdelement.

Pflanzliche Symbolträger des Elementes Feuer	
Pflanzen	Kriech-Wacholder, *Sedum*-Arten wie Mauerpfeffer; Erika und Heide
Blatt/Blüte	Zistrose, Goldmohn
Gestaltete Pflanzen	Beetpflanzen wie Leberbalsam, Begonien, Buchsbaum als Beeteinfassung

aus. Die Tageszeit ist der Nachmittag und die Himmelsrichtung der Südwesten. Alles, was Sicherheit und Stabilität verleiht, gehört zum Element Erde: Tontöpfe und Keramiken, aber auch schön gepflasterte Plätze, die Weite vermitteln, niedrige Steinmauern sowie einladende Ruhebänke. ●

Element Metall

Metallenergie und Pflanze

Das Element Metall ist eine widerstandsfähige, klare und sich verdichtende Energieform. Die Energien konzentrieren sich im Inneren. Alle Knollengewächse wie Süßkartoffeln oder Zwiebelgewächse konzentrieren ihre Energien nach der Blütezeit im Speicherorgan. Die mit Metall assoziierte Form des Kreises oder der Kugel finden wir bei vielen kugelförmigen Blütenständen wieder, etwa beim Schleierkraut (*Gypsophila*) oder der Hortensie (*Hydrangea*). Auch alle kugelförmig geschnittenen Bäumchen strahlen diese Energie aus. Sie steht auch für Wohlstand und Kontrolle. Die Kugelform des Bäumchens muss ständig in Form gehalten werden, damit sie eine

elegante und feine Atmosphäre verbreiten kann.

▸ **Unterstützung der Metallenergie durch Erde:** Runde Formen, die auf Wohlstand und eine gewisse Eleganz hinweisen, brauchen Raum und Fläche, um ihre Wirkung entfalten zu können. Der kugelförmig geschnittene Lorbeerbaum und das Metalltor kommen vor einer Steinmauer oder in einem Vorhof gut zur Geltung. Eine sichere und stabile Erdatmosphäre schafft die Voraussetzung für Erfolg.

▸ **Kontrolle der Metallenergie durch Feuer:** Die Hitze des Feuers schmilzt das Metall. Die Wirkung roter Farbe und feuriger Form kann einem edlen und kühlen Ambiente Lebendigkeit und Wärme schenken.

Das Lorbeerkugelbäumchen zeigt Eleganz.

Pflanzliche Symbolträger des Elementes Metall

Pflanzen	Gardenie, Hortensie, Schleierkraut, Heiligenkraut, Bergenien, Gänseblümchen, Alpenveilchen
Blatt/Blüte	Arten des Zier-Lauches, Kugeldistel
Gestaltete Pflanzen	Kugelförmige Pflanzen: Buchsbaum, Strauchmargeriten, Lorbeerbäumchen

Energie bei Konzentrationsschwäche

Die Metallenergie bündelt und schärft den Blick für das Wesentliche. Mit den Farben Weiß, Gold und Silber erreichen Sie die Aussage des Wohlstandes und der klaren Distanz. Sammeln Sie Pflanzen um sich wie die Gardenie mit ihrem Duft, Hortensien mit ihrer kühlen Eleganz oder Kugelbäumchen, die Ihre Bescheidenheit und Ihre innere Unordnung in inspirierende Organisationskraft wandeln! Es erfordert Mut, den Tatsachen klar ins Auge zu blicken. Aber sich kreativ auf eine Sache oder ein Vorhaben zu konzentrieren, fördert den Erfolg. Sie erleben diese Energie, wenn Sie gesammelt und gestärkt im Leben stehen.

Metallenergie in Raum, Zeit und Materie

Das Schleierkraut gehört zum Element Metall.

Der Rückzug und die Sammlung von Energie findet seine Entsprechung im Westen, am Abend und in der Jahreszeit des Herbstes. Der Laubfall zeigt ein Ende an, aber auch die Sammlung für die Knospenanlage im nächsten Jahr. Ob die Saat aufgegangen ist, ob sich Ihre Arbeit gelohnt hat, erfahren Sie bei der Ernte im Herbst. Genießen Sie die Früchte Ihrer Arbeit und lernen Sie aus Ihren Fehlern. Neben Metallen werden auch Steine von besonderer Härte (wie Granit) oder weißer Farbe (wie Marmor) zum Element Metall gerechnet. ●

Element Wasser

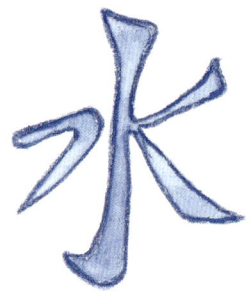

Wasserenergie und Pflanze

Das Element Wasser ist eine bewegliche und kräftigende Energieform. Man verbindet mit der Energie Unregelmäßigkeit und Chaos, aber auch Austausch und Kommunikation. Viele Kletter- und Rankpflanzen wie der Winterjasmin (*Jasminum nudiflorum*) oder die Prunk-winde (*Ipomoea*) mit ihrem unkontrollierten Ausbreitungsdrang strahlen diese Energie aus. Aber auch der wunderschöne Blauregen (*Wisteria sinensis*) mit den herabhängenden Blütentrauben zeigt diese Energie. Neben der blauen Blütenfarbe sind aber auch die gewellten und geschwungenen Blätter Ausdruck der Wasserenergie, wie man es von den Funkien (*Hosta*) kennt. Sie können uns entspannen und uns für neue Ideen öffnen.

▸ **Unterstützung der Wasserenergie durch Metall:** Sie können das Fließen durch runde Formen, Accessoires aus Metall oder die Farbe Weiß stärken, indem Sie weiß blühende Pflanzen ergänzen oder Rosenkugeln einsetzen. Die Chinesen sagen, wenn das Metall schmilzt, fließt es wie Wasser. Sie können sich auch eine „Pusteblume", den Samenstand des Löwenzahns, vorstellen: Er sieht weiß aus und ist rund, hat also Metallenergie. Sobald der Wind hindurch fährt, wehen die kleinen Schirmchen mit einem Samen ungeordnet und sanft in allen Richtungen davon: Wasserenergie wird frei!

▸ **Kontrolle der Wasserenergie durch Erde:** Wasser stellt eine starke Energieform dar, die schnell ein Gefühl der Unsicherheit, Furcht und sogar Depression auslösen kann. Erde kann Wasser überwinden, indem sie das Wasser aufnimmt oder bricht. So kann eine Pergola die Wasserenergie einer Waldrebe (*Clematis*) bremsen, indem sie dem Schwung der Ranken die quadratische Rasterstruktur des Holzrahmens entgegensetzt. Immergrün (*Vinca minor*), eine ausufernde, blau blühende Bodendeckerpflanze, kann durch eine gerade Wegführung und Rückschnitt gebremst werden. Im Allgemeinen können quadratische Strukturen und Plätze sowie Erdfarben ein Übermaß an Wasserenergie eindämmen.

Die blau blühende Winde gehört zum Element Wasser.

zur Ruhe bei und in Ihnen. Diese Ruhe brauchen Sie, wenn Sie nervös oder überaktiv sind und zuviel arbeiten. Sie erleben diese Energie, wenn Sie entspannen und inneren Frieden finden wollen. Der Anblick einer blauen Rittersspornblüte mit ihrem irisierenden Lichtspiel wird Sie innerlich milde oder optimistisch stimmen.

Wasserenergie in Raum, Zeit und Materie

Das Formlose findet seine Entsprechung im tiefen Winter, wenn der Schnee alle Strukturen zudeckt. Die Tageszeit ist die Nacht mit ihrer dunklen, fast schwarzen Farbe und die Himmelsrichtung ist der Norden. Der Winter ist die Zeit des Träumens und der neuen Ideen, die nur entstehen, wenn man die alten loslässt oder zudeckt. Alle Materialen, die grenzenlos scheinen, enthalten die Energie des Wassers: Glas und auch das Wasser selbst. Glas wie auch Spiegelskulpturen reflektieren das Licht oder lassen es hindurch. Sie sollten nur sparsam eingesetzt werden. ●

Das wellenförmige Blatt der Funkie zeigt Wasserenergie.

Energie bei Überaktivität

Die Pflanzen mit Wasserenergie laden Sie ein, sich dem Fluss der Linien auf einem Blatt oder dem Wuchs der Ranken einer Kletterpflanze hinzugeben. Sie erlangen Kraft durch Stillsitzen und „Nichtstun". Die Bewegtheit, die in den Pflanzen mit Wasserenergie zum Ausdruck kommt, führt

Pflanzliche Symbolträger des Elementes Wasser

Pflanzen	Winde, Prunkwinde, Waldrebe, Jelängerjelieber (*Lonicera*), Immergrün, Winterjasmin
Blatt/Blüte	Funkie, Lavendel, Blauregen
Gestaltete Pflanzen	Kletterpflanzen an Pergolen, Ampelpflanzen

Die Elementezyklen

Die Elemente sind sichtbar und zugleich in zyklischer Wandlung begriffen.

Wirkungsweise der fünf Elemente

Alle fünf Elemente stehen zueinander in einem Verhältnis gegenseitiger Hervorbringung und Überwindung. Die Elemente selbst befinden sich in ständiger Veränderung, sie sind sichtbare Materie und gleichzeitig sich wandelnde Energie.

▸ **Hervorbringungs- oder Schöpfungszyklus** Holz nährt Feuer, Feuer bringt Erde (Asche) hervor, Erde bringt Metall (aus ihrem Inneren) hervor, Metall bringt Wasser hervor (schmilzt), Wasser nährt Holz. Was bedeutet das in Bezug auf die Pflanzenwelt?
Die heranwachsende Pflanze (Holz) bringt die Blüte hervor (Feuer), die Blüte weitet sich und verblüht langsam, die Fruchtbildung setzt ein (Erde), die Frucht ist reif und wird geerntet (Metall), dann wird der Samen gesammelt oder freigegeben (Wasser).

▸ **Überwindungs- oder Zerstörungszyklus** Holz wächst in die Erde. Die Erde nimmt Wasser auf. Wasser löscht Feuer. Feuer schmilzt Metall. Metall schneidet Holz. Wie kann dieses Wissen auf die Pflanzenwelt übertragen werden?
Wasser überwindet Feuer: Die Keimfähigkeit kontrolliert die Üppigkeit der Blüte. Feuer überwindet Metall: Die Blütezeit und die Blütenzahl bestimmen den Erntesegen. Metall überwindet Holz: Eine reife Frucht kontrolliert das Ende der Wachstumsperiode. Holz überwindet Erde: Das Pflanzenwachstum bestimmt die Fruchtreife. Erde überwindet Wasser: Mit der Fruchtreife wird die Samenreife kontrolliert.

▸ **Holz** Holz nährt Feuer; Holz überwindet Erde ①

▸ **Wasser** Wasser nährt Holz; Wasser überwindet Feuer. ⑤

▼ **Feuer** Feuer bringt Erde hervor; Feuer überwindet Metall.

③ ◄ **Erde** Erde bringt Metall hervor; Erde überwindet Wasser.

④ ◄ **Metall** Metall bringt Wasser hervor; Metall überwindet Holz.

Das Bagua mit „Garten-themen"

Die Idee der
acht Grundfiguren

Die acht Grundfiguren, auch „Trigramme" genannt, entstehen aus der Kombination von drei Strichen.

Yang (der Himmel) und Yin (die Erde) sind die beiden Striche, die auch die Elemente darstellen (siehe Seite 64 f.). Hinzu kommt ein Strich für den Mensch. Jede Figur oder jedes Trigramm verkörpert eine Naturerscheinung.
Alle zusammen stellen das Ganze dar, was „Bagua" genannt wird. Die Anordnung der Themen ist nicht zufällig und in Bezug auf Yin und Yang nicht ausgeglichen.
Es entwickelt sich im Bagua eine Dynamik, eine ständige Bewegung.
Zu Ihrem Glück brauchen Sie das gleichmäßige Schwingen aller Lebensbereiche im Bagua, erst dann fühlen Sie sich „ganz". Volle Ausgeglichenheit erreichen Sie wahrscheinlich nur selten – dann hilft die Beschäftigung mit

einem schwachen Feld, ein Stück mehr in Richtung der eigenen Mitte zu gelangen.

Feng Shui bei der Gartenplanung

Zunächst brauchen Sie einen Grundriss Ihres Hauses beziehungsweise des Grundstückes oder Ihrer Wohnung mit Balkon. Der Balkon oder ein kleiner Garten kann wie ein oder mehrere zusätzliche Zimmer betrachtet werden.
Die einfachste Form, das Bagua anzuwenden, ist die „Tür-Methode". Dabei wird das Bagua so ausgerichtet, dass die Bereiche Wissen, Karriere und Helfende Menschen (vergleiche hierzu die Übersicht auf Seite 64 f.) mit dem Eingangstürbereich des Grundrisses die Grundlinie bilden.
Nun werden Sie kaum einen Grundriß haben, den Sie in neun gleich große Bereiche aufteilen können. Fehlbereiche zeigen Ihnen möglicherweise einen Schwachbereich

Ihres Energiefeldes auf. Wenn Sie ihm Zeit und Energie widmen, wird der Bereich lebendiger. Erweiterungen zeigen Ihnen vielleicht Ihre Stärken. Werden Sie sich Ihrer bewusst und freuen Sie sich!

Die Themengärten

Jedem Lebensthema ist im Folgenden ein Gartenthema gewidmet. Ein ganzer Garten wurde im Hinblick auf das jeweilige Thema gestaltet. Nehmen Sie diese Gestaltungen als Anregungen auf und verwirklichen Sie das, was Ihnen entspricht. Allein die Beschäftigung mit einem Themenfeld wird Sie bereichern.
Die einzelnen Gartenthemen sind: Kraftgarten, Liebesgarten, Heilgarten, Fruchtbarkeitsgarten, „Patchworkgarten", Kinder-Garten, Meditationsgarten, Wintergarten.

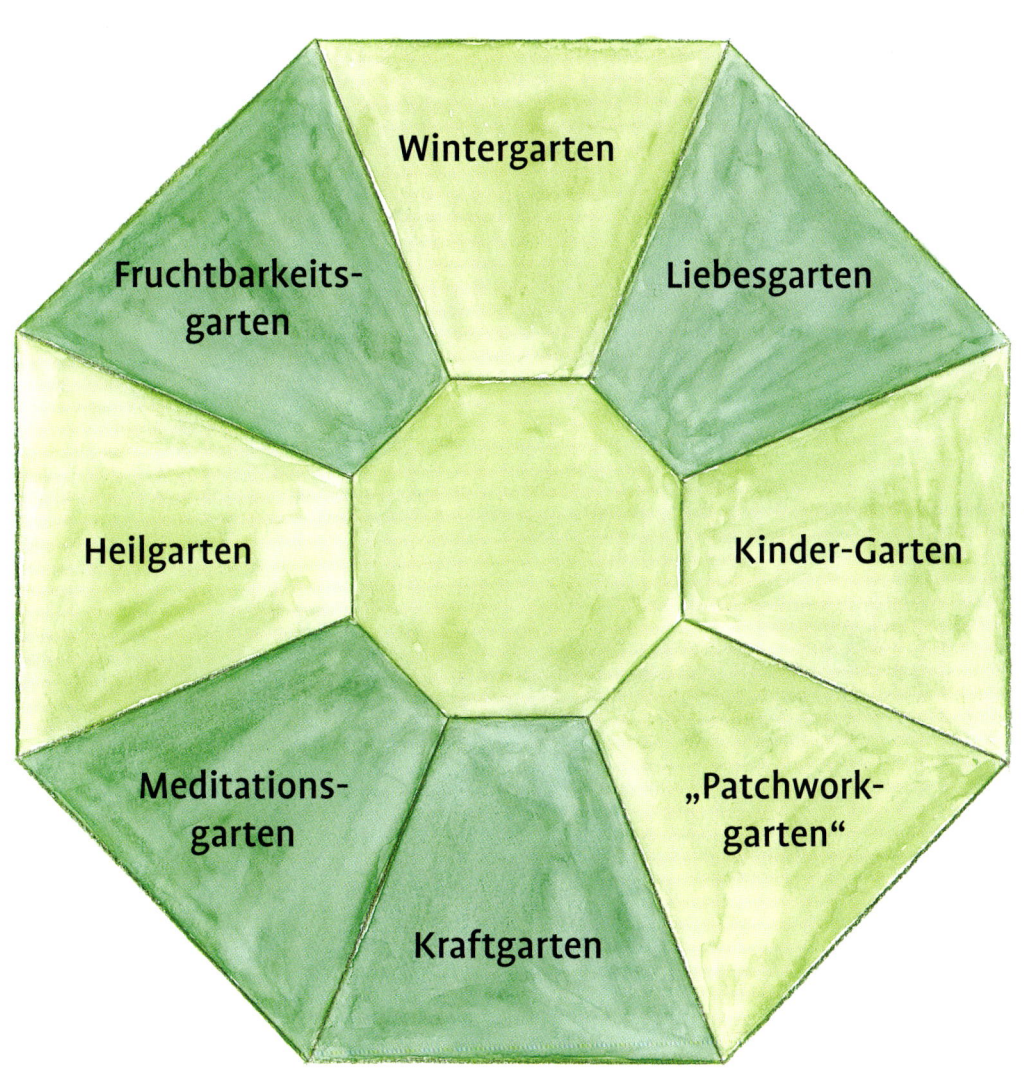

Wintergarten

Liebesgarten

Fruchtbarkeits-
garten

Heilgarten

Kinder-Garten

Meditations-
garten

„Patchwork-
garten"

Kraftgarten

Yang
Yin

Der Kraftgarten

Der Kraftgarten ist ein Garten mit Aussicht und Einsicht: Sie können in diesem Garten verweilen und eine spannungsreiche Aussicht genießen. Vielleicht wird Ihr Blick aber auch für ein Muster geschärft, das Ihnen neue Einsichten schenkt.

Mit Kraft zur Karriere

Das Thema des Bagua ist die Karriere oder der Lebensweg. Wenn Sie gerade auf der Suche nach einer Lebensvision sind oder Ihre Karriere stärken wollen, können Sie diesen Bereich entsprechend gestalten. Das Zeichen Kan bedeutet „das Abgründige". Wenn man am Abgrund steht, ist es gefährlich, sich zu bewegen. Sinnvoll ist es, einen Platz der Ruhe zu haben, an dem man sich konzentrieren und seinen Blick schweifen lassen kann. Möglicherweise ist die Aussicht von Ihrem Balkon oder Ihrer Terrasse aber wenig inspirierend. Dann können Sie die Konzentration fördern, indem Sie sich ein Kraftmuster schaffen. Das Muster sollte fließende Linien aufweisen und ordentlich sein, damit der Blick folgen kann. Die Erhaltung eines Blumenmusters ist arbeitsintensiv, aber sehr lohnend. Meist ist es eine gleichförmige Beschäftigung und der absichtslose Blick in die Ferne, wenn einem überraschend die Lösung oder die neue Vision erscheint.

Kennzeichen des Gartens

Häufig ist der Kraftgarten ein arbeitsintensiver Garten, denn vor den Erfolg haben die Götter bekanntlich den Schweiß gesetzt!

▸ Das Wasser ist das Element des Gartens: Unterstützt von der runden Form des Metalls finden Sie geschwungene Linien im Muster und blau blühende, einjährige Pflanzen. Ergänzt wird das Muster durch eine weitere Farbe und durch das Element Holz.

▸ Die Pflanzen, mit denen Sie ohne Muster zu Kraft finden: Günsel (*Ajuga reptans*), Azaleen, die Ihnen ein Gefühl von Bescheidenheit vermitteln und Prunkwinden (*Ipomoea*), die den nötigen Optimismus verbreiten.

Kraftgarten

Trigramm	Kan – „das Abgründige"	☵
Element	Wasser	
Thema im Bagua	Karriere & Lebensweg	
Gartenthema	Kraftgarten: Garten mit Aussicht und Einsicht	

Pflanzen:

1   Canna (*Canna*-Indigo-Hybr.) oder Hortensie (*Hydrangea*-Hybr.)
2   Männertreu (*Lobelia erinus*) oder Leberblümchen (*Ageratum*) bzw. Vanilleblume (*Heliotrop*)

3   Buchsbaum (*Buxus sempervirens*) oder Heiligenkraut (*Santolina chamaecyparissus*)
4   Goldlack (*Erysimum cheiri*), Gauklerblume (*Mimulus luteus*) oder Eis-Begonien (*Begonia*-Semperflorens-Grp.)

bzw. Knollen-Begonien (*B.*-Tuberhybrida-Grp.)

Dazu im Frühjahr und Herbst:

Stiefmütterchen in Farben (*Viola*-Hybr.)

Der Liebesgarten

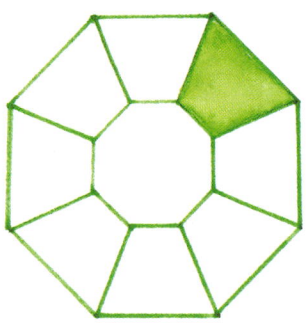

Der Liebesgarten ist ein geschützter Garten, in dem eine Atmosphäre der Intimität entsteht. Sie können in diesem Garten Verbundenheit erfahren und ihn mit einem geliebten Menschen genießen.

Mit Hingabe zur Liebe

Der zweite Bereich des Baguas hat die Beziehung und die Ehe zum Thema. Gemeinsame Ziele, wechselseitiges Geben und dankbares Empfangen sind die Voraussetzung einer auf Dauer angelegten Partnerschaft.

In dem Zeichen Kun, „das Empfangende", wird die Bedeutung der Hingabe zum Ausdruck gebracht. Grundlage eines „Sich-Öffnens" ist die Abgeschlossenheit eines Raumes, hier des Gartens. Der Garten oder ein quadratisches beziehungsweise rechteckiges Garteneck sollte von einer Hecke oder Mauer umgeben sein. Eine geschützte Laube oder ein Plätzchen unter einem Baum schaffen die Möglichkeit, sich nach Innen zu wenden und gemeinsam Zeit zu verbringen. Ein Kreis weist auf die Verbindung ebenso hin wie zwei Rosenstämmchen. Zum Garten sollte ein Weg führen, den man gemeinsam geht. Besondere Bedeutung bekommen auch Pflanzen, die weibliche und männliche Blütenformen nicht in sich vereint haben. Mögen die im Garten erfahrbaren Formen der Verbindung auch die Beziehung befruchten!

Kennzeichen des Gartens

Dieser Garten ist ein blühender Garten! Rosen und Heidepflanzen sorgen für lang anhaltende, warme Schwingungen.

▶ **Das Element Erde** wird vom Feuer roter Rosen unterstützt. Erdelemente sind die rechteckige Grundform, der sandige Bodenbelag und große Tonkübel, in denen Rosenstämmchen im Kreis stehen. Der Kreis gehört zum Metall, das der Erde folgt.

▶ **Die Pflanze** der Liebe ist in Europa die Rose. Ergänzend wirken Hibiskus, Heide (*Erica, Calluna*) und Taglilien (*Hemerocallis*).

Liebesgarten	
Trigramm	Kun – „das Empfangende" ☷
Element	Erde
Thema im Bagua	Beziehung & Ehe
Gartenthema	Liebesgarten: Garten der Intimität und Verbindung

Pflanzen:

1 Gardenie (*Gardenia jasminoides*) o. Kamelie (*Camellia japonica*)
2 Kletterrose
3 Birke (*Betula pendula*)
4 Eibe (*Taxus baccata*)
5 Rhododendron-Hybriden
6 Kriech-Wacholder (*Juniperus horizontalis*) o. Mauerpfeffer (*Sedum*-Hybr.)
7 Waldmeister (*Galium odoratum*)

8 Hibiskus (*Hibiscus rosa-sinensis*)
9 Rosen am Hochstamm und Kletterrose
10 Farne
11 Winter-Heide (*Erica carnea*)
12 Spätblühende Heide (*Calluna vulgaris*)
13 Edelraute (*Artemisia*)
14 Wild-Apfel (*Malus sylvestris*)
15 Ligusterhecke (*Ligustrum vulgare*)

Der Heilgarten

Der Heilgarten ist ein kleiner, überschaubarer Garten. Es ist mehr ein privater Raum der langsamen Bewegung, den wir nicht teilen. Hier erfährt man Heilung.

Durch Bewegung zur Heilung

Im dritten Bereich des Baguas begegnen Sie dem Thema der Gesundheit und der Familie. Die eigene Gesundheit ist durch äußere und innere Erschütterungen in Gefahr. Wir sollten die eigene Vergangenheit betrachten und Erlebtes anerkennen. Das stärkt unsere Wurzeln. Das Zeichen Zhen, „das Erregende", weist auf mögliche Erschütterungen und tief greifenden Wandel hin. Heilend wirkt ein Rückzugsraum, in dem Erkennen möglich ist und neue Bewegung beginnen kann. Alles, was sich langsam ausdehnt und wächst, führt auch in Ihnen selbst zu neuem Wachstum. Heilkräuter stärken Sie mit ihrem Duft und den Wirkstoffen. Genießen Sie Ihre Ruhestunden in der Nähe eines duftenden Pflanzenambientes. Gräser rascheln sachte im Wind, Kletterpflanzen geben Ihnen Schutz und fördern mit ihrer fließenden Bewegung neues Bewusstsein in Ihnen. Wenn Sie Ihre Wurzeln kennen und pflegen oder in der Fremde neue Wurzeln schlagen, wachsen auch neue Zweige in den Himmel!

Kennzeichen des Gartens

Der Heilgarten ist gekennzeichnet durch Bewegungsmöglichkeit und Schutz, durch filigrane grüne Pflanzenvielfalt bei kleinen Ausmaßen.

▸ Holz ist das vorherrschende Element des Gartens: Eine Pergola aus Holz, ein Zaun aus Holzpfählen und viele grüne Pflanzen machen das Element Holz vielfältig erlebbar. Unterstützung erfährt das Holz durch das Element Wasser in Form vieler Kletterpflanzen.

▸ Heilende Pflanzen sind die vielen Wirkkräuter, aber auch der Lorbeer mit seiner würdevollen Ausstrahlung sowie die Duft-Pelargonien, die uns eine unglaubliche Duftvielfalt schenken.

Heilgarten		
Trigramm	Zhen – „das Erregende"	☰
Element	Holz	
Thema im Bagua	Familie & Gesundheit	
Gartenthema	Heilgarten: privater Raum der Bewegung	

Pflanzen:

1 Lorbeer (*Laurus nobilis*)
2 Stechpalme (*Ilex paragua-riensis/I. aquifolia*)
3 Duft-Geranien (*Pelargonium-*Hybr.)
4 Funkie (*Hosta*-Hybr.)
5 Farne

6 Kletter-Hortensie (*Hydrangea petiolaris*)
7 Chinaschilf (*Miscanthus sinensis*)
8 Lilie (*Lilium*-Hybr.)
9 Glyzine (*Wisteria sinensis*)
10 Jelängerjelieber (*Lonicera*)

oder Waldrebe (*Clematis*)
11 Schling-Knöterich (*Polygonum aubertii*)
12 Kräuterbeet mit Steinen: Heiligenkraut, Minze, Thymian, Rosmarin, Wermut, Salbei, Melisse, Lauch ...

Der Fruchtbarkeitsgarten

Der Fruchtbarkeitsgarten ist ein Garten der Geduld und der stimulierenden Kraft. In diesem Garten erleben Sie, wie die Wachstumskraft der Natur entschlossen, dabei aber sanft auf ein Ziel hinarbeitet. Das eigene Ziel zu erkennen und furchtlos zu verfolgen bringt Glück!

Mit sanfter Eindringlichkeit zum Glück

Der vierte Bereich des Baguas wird Reichtum und Glück genannt. Reich ist, wer sich selbst erkannt hat und seine Berufung mit Entschlossenheit verfolgt. Das Zeichen Sun sagt dazu:

„Durchdringe sanft!". Nachdem wir unsere Wurzeln erkannt haben und wisser wer wir sind, wäre es unklug, mit voller Kraft drauflos zu arbeiten. Glück stellt sich ein, wenn Sie zunächst Ihr Ziel visualisieren. Was immer Sie erreichen wollen, müssen Sie täglich sehen! Materieller Reichtum kann durch besondere Münzen symbolisiert werden. Der Wunsch nach einem Kind kann durch fruchtende Pflanzen sichtbar werden. Mit dem sichtbaren Ziel im Garten vor Augen können Sie die stimulierenden Kräfte der wachsenden Pflanzen in sich aufnehmen und Ihr Ziel geduldig verfolgen. Machen Sie es wie der Bam-

bus: Bleiben Sie auf Ihrem Weg flexibel, aber in der Verfolgung Ihres Zieles unnachgiebig.

Kennzeichen des Gartens

Charakteristikum des Gartens ist wachsendes Grün, das in einem harmonischen Gleichgewicht gehalten wird. Der Garten hat einen Blickpunkt, der Ihr sichtbares Ziel verkörpert.

▸ Holz ist das bestimmende Element des Gartens, in dem viel Bambus wächst und ein Holzsteg zum Wasser führt. Kontrolliert wird Holz durch Metall, hier durch zwei Metallelemente als Blickpunkt im Garten.

▸ Fruchtpflanzen wie die Erdbeere und den Granatapfel (als Kübelpflanze) sind Sinnbilder der Fruchtbarkeit.

Fruchtbarkeitsgarten		
Trigramm	Sun – „das sanft Durchdringende"	☰
Element	Holz	
Thema im Bagua	Reichtum & Glück	
Gartenthema	Fruchtbarkeitsgarten: Raum der Geduld und stimulierenden Kraft	

Pflanzen:

1	Granatapfel (*Punica granatum*)	5	Schling-Knöterich (*Polygonum aubertii*)	9	Lorbeer (*Laurus nobilis*)
2	Kapuzinerkresse (*Tropaeolum majus*)	6	Teich-Simse (*Schoenoplectus lacustris*)	10	Wald-Erdbeere (*Fragaria vesca*)
3	Bambus (*Fargesia nitida*)	7	Eibe (*Taxus baccata*)	11	Wacholder (*Juniperus chinensis* 'Goldcoast')
4	Bambus (*Fargesia murieliae*)	8	Rhododendron-Hybr. o. Azaleen	12	Buchsbaum (*Buxus sempervirens*)

Der „Patchworkgarten"

Im „Patchworkgarten" sind viele Gartenthemen zu einem Ganzen verbunden, ohne jeweils ihren eigenständigen Charakter aufzugeben. Ein Baum, ein Stein, Wasser und Feuer, gehalten vom Ganzen.

„Patchwork" für neue Kreativität

Das Thema dieses Baguafeldes sind die Helfenden Menschen. Wenn wir in Not sind, brauchen wir Freunde, die selbstlos geben und wir sollten dankbar annehmen, was sie uns geben können. Das Zeichen Qian bedeutet „das Schöpferische". Indem man seine Fähigkeiten zeigt

und aktiv einbringt, leistet man einen schöpferischen Beitrag zum Ganzen und stärkt die Gesamtheit. Jeder Beitrag ist auf seine Weise gleich wertvoll. Angedeutet ist diese Idee im „Patchwork": Jeder kleine Garten ist über einen Platz mit dem anderen verbunden. Sie sind alle verschieden und bilden trotzdem – gehalten im Quadrat und durch den zentrierenden Platz – ein Ganzes. Die Form der jeweiligen Gärten wirkt eher feurig, was die Aktivität und Außenorientierung wiedergibt. In den Einzelgärtchen finden wir die Elemente wieder: Wasser, ein Feuer, wachsendes Grün und Steine für Metall.

Kennzeichen des Gartens

Dieser Garten ist durch eine Vielfalt gekennzeichnet, die durch eine geordnete Form gehalten wird. Hier wirken die Ideen vieler Menschen, die wohltuend und stärkend auf alle ausstrahlen.

▸ Metall ist das Element des Gartens, was durch den kreisförmigen Platz symbolisiert wird. Unterstützt wird das Element Metall durch die quadratische Erde. Kontrolliert wird das Metall hier durch die feurige Form der einzelnen Gärtchen. Sie verleihen der Idee die Lebendigkeit.

▸ Helfende Pflanzen sind die Gardenie für die Nachsicht, die Dattelpalme für die Dauer, die Himbeere für das Geben und der Apfelbaum für das Zerstreuen von Negativität.

Patchworkgarten

Trigramm	Qian – „das Schöpferische" ≡
Element	Metall
Thema im Bagua	Helfende Menschen
Gartenthema	„Patchworkgarten": Ein Baum, ein Stein, gehalten vom Ganzen

Pflanzen:

1 Hopfen (*Humulus lupulus*)
2 Flieder (*Syringa*-Hybr.)
3 Duft-Pelargonien (*Pelargonium*-Hybr.)
4 Seerose
5 Gräser
6 Minzen in Sorten

7 Kräuter
8 Himbeere (*Rubus idaeus*)
9 Ringelblume (*Calendula officinalis*), Strohblume (*Helichrysum*)
10 Apfelbaum (*Malus*)
11 Kamelie (*Camellia japonica*)

12 Bergenie (*Bergenia*-Hybride)
13 Winterharte Fächerpalme (*Trachycarpus fortunei*)
14 Japan-Segge (*Carex morowii*)
15 Rasen
16 Hecke: Hainbuche oder Buchsbaum

Der Kinder-Garten

Dieser Garten mit Ausrichtung auf die Kinder ist ein Garten der heiteren Ruhe und Neugier. Hier wird die Phantasie geweckt; man kann seine Gedanken schweifen lassen.

Mit Neugier zu kindlicher Phantasie

Dieser Bagua-Bereich auf der rechten Seite widmet sich Kindern und Phantasie. Wenn Sie gerade dringend eine gute Idee oder eine kreative Inspiration brauchen, dann kann eine andere Sicht der Dinge zu neuen Eingebungen führen.
Das Zeichen Dui bedeutet „das Heitere", eine innere Ruhe und Gelassenheit, die nach außen als Milde und Freude in Erscheinung tritt. Mit Fröhlichkeit und Milde kann ich die Welt verzaubern und mich von ihr verzaubern lassen. Ein Kinder-Garten ist ein Garten, in dem man entspannen und lachen kann; in dem man zusammensitzt und den Gedanken freien Lauf lässt. Es ist ein Raum der Unbefangenheit und des Mutes. Unser Geist geht auf Abenteuersuche oder Entdeckungsreise – vielleicht sammelt er Zapfen oder Stöckchen, vielleicht entdeckt er Minze mit ihrem erfrischenden Geschmack oder bastelt Fernrohre aus Bambus?

Kennzeichen des Gartens

Dies ist ein ganz gewöhnlicher Garten … aber nur auf den ersten Blick! Mit seinem Baumhaus und den Gemüseringen, mit Sand und Hopfen hat der Garten ein paar „Thementupfer" für Ihre Abenteuerlust!

▸ Metall ist das Element, was diesem Baguabereich zugeordnet wird. Ausgedrückt wird es durch die ringförmigen Beete. Kontrolliert wird Metall durch Feuer in Form des Baumhauses und des Terrassenbelags: spritzige Funken der Spannung!

▸ Pflanzen der Neugier: Kürbisse zum Staunen, Lärchen und Kiefern wegen der Zapfen, Löwenmäulchen und Gänseblümchen zum Pflücken und Spielen, Bambus für Vasen und Fernrohre, Erbsen und Erdbeeren zur Stärkung für zwischendurch.

Kinder-Garten

Trigramm	Dui – „das Heitere"	══ ══
Element	Metall	
Thema im Bagua	Kinder & Kreativität	
Gartenthema	Kinder-Garten: Heitere Ruhe und Neugier	

Pflanzen:

1 Veilchen (*Viola odorata*)
2 Bambus (*Fargesia nitida*)
3 Krötenlilie (*Tricyrtis*)
4 Lärche (*Larix decidua*)
5 Kiefer (*Pinus sylvestris*)
6 Wegerich (*Plantago media*)
7 Gänseblümchen (*Bellis perennis*)
8 Hopfen (*Humulus lupulus*)
9 Gemüse: Erbsen, Radieschen, Möhren, Erdbeeren, Salat, Minze ...
10 Kürbis, Gurke & Co.

Symbol für Neugier, Entdecken, Abenteuer, Freude

Der Meditationsgarten

Der Meditationsgarten ist ein Raum der vollkommenen Ruhe und Harmonie. Sie gehen in diesen Garten, um sich zu setzen und Sie verspüren keinen Drang zu reden oder sich zu bewegen: Stille und Sammlung sind von zentraler Bedeutung.

Durch Stille zur Weisheit

Der diesem Bagua zugeordnete Bereich heißt Wissen und Spiritualität. Das wahre Wissen kommt tief aus unserem Inneren. Dazu bedarf es der Sammlung.
Das Zeichen Gen bedeutet „das Innehalten". Hinter jeder Bewegung liegt die Stille verborgen. Wer sie findet, kommt dem eigenen inneren Frieden näher. Wenn Sie sich danach sehnen, der Hektik und dem Stress zu entkommen, kann Ihnen ein Raum der Stille helfen, in regelmäßigen Abständen zu sich selbst zu finden. Im Garten, der durch Mauern geschützt sein sollte, erreichen Sie diese Sammlung durch eine klare Struktur, immergrüne Pflanzen sowie ein Wasserelement, das sich leicht bewegt und Ihre aufkeimenden Gedanken abfließen lässt. Die Jahreszeiten, die das Fließen der Zeit darstellen, können durch Osterglocken im Frühjahr, die Zistrose im Sommer, der Laubfall des Ahorn im Herbst und den Bambus dargestellt werden. Denn Stille bedeutet nicht Stagnation oder Stillstand, sondern die Dauerhaftigkeit in der Zeit.

Kennzeichen des Gartens

Der Meditationsgarten ist klein, geschützt und klar strukturiert. Das Pflanzenwachstum sollte sehr langsam sein.
▸ Erde ist das zugehörige Element, das in der Form des Gartens, der Wegeführung, des Materials und der gelben Farbe zum Ausdruck kommt. Das der Erde folgende Element Metall wird durch Steine und die runde Form des Wasser realisiert.
▸ Pflanzen der Meditation: Salbei für die Reinheit, Waldrebe für die geistige Klarheit, Osterglocken für die Verkündigung.

Meditationsgarten		
Trigramm	Gen – „das Innehalten"	☰
Element	Erde	
Thema im Bagua	Wissen & Spiritualität	
Gartenthema	Meditationsgarten: Ruhe als vollendete Bewegung	

Pflanzen:

1 Fächer-Ahorn (*Acer palmatum*)
2 Wacholder (*Juniperus*)
3 Beet mit Japan-Segge (*Carex morowii*) oder Zwergmispel (*Cotoneaster*)

4 Zistrose (*Cistus*)
5 Salbei (*Salvia officinalis*)
6 Bambus (*Fargesia nitida*)
7 Winterjasmin (*Jasminum nudiflorum*)
8 Osterglocken im Rasen (*Narcissus pseudonarcissus*)

Der Wintergarten

Der Wintergarten ist ein Raum, der hell und klar ist. Er ist ein sichtbarer Ausdruck unserer Leistung: Ein blühender Garten im Winter ist ein „leuchtender" Genuss.

Mit winterlicher Blütenpracht zum Ruhm

Ein Thema des Bagua ist der Ruhm und die Anerkennung. Aus der Verbindung von innerer Weisheit und Wissen entsteht eine strahlende Klarheit, die auch nach außen sichtbar wird. Ruhm und Anerkennung erleben Sie, wenn Sie eine Idee haben, Ihr Ziel einem größeren Ganzen dient und Sie diese Vision auch in schwieriger Zeit kraftvoll verfolgen.

Das Zeichen Li bedeutet „das Haftende": Das helle, lodernde Feuer hat keine bestimmte Gestalt. Es verbindet sich aber mit der Materie und haftet an allen Dingen. Seien Sie unbesorgt: Auch ein so genannter verdeckter Erfolg, den Sie in Ihrem Beruf für andere erreichen, wird sichtbar werden. Ein Ausdruck von geistiger Klarheit besteht darin, auch im Winter in einer blühenden Umgebung zu verweilen. Das erreichen Sie durch Pflanzen anderer Länder, die Sie im Urlaub oder bei der Begegnung mit anderen Menschen liebgewonnen haben. Und das üppige Pflanzengrün sollte Ihr Herz im Winter mit leuchtenden Blüten erwärmen und zu innerem Frieden führen.

Kennzeichen des Gartens

Der Wintergarten ist ein heller und sonniger Garten mit exotischen Pflanzen, die im Winter blühen.

▸ Feuer ist das zugehörige Element des Gartens: Er ist sonnig, mit feurigen Blüten und am Abend stimmungsvoll beleuchtet. Unterstützung erfährt er durch Holz für üppiges Wachstum.

▸ Pflanzen des Ruhmes: Palmen und rot blühende Pflanzen wie die Amaryllis, die Flamingoblume (*Anthurium*) und den Oleander.

Wintergarten		
Trigramm	Li – „das Haftende"	⚊⚊ ⚋ ⚊⚊
Element	Feuer	
Thema im Bagua	Ruhm & Anerkennung	
Gartenthema	Wintergarten: Das lebendige Zeugnis Ihrer Leistung ermöglicht es, im Winter im blühenden Garten zu sitzen!	

Pflanzen:

1	Kanarische Dattelpalme (*Phoenix canariensis*)	5	Schamblume (*Aeschnanthus radicans*)	10	Zier-Pfeffer (*Capsicum annuum*)
2/2a	Bubiköpfchen (*Soleirolia soleirolii*), Blattbegonie (*Begonia masoniana*)	6	Fächer-Palme (*Washingtonia*)	11	Zimmerfarn (*Pellaea rotundifolia*)
		7	Flammendes Schwert (*Vriesea splendens*)	12	Oleander (*Nerium oleander*)
3	Hibiskus (*Hibiscus rosa-sinensis*)	8	Flamingoblume (*Anthurium scherzerianum*)	13	Strelitzie (*Strelitzia reginae*)
4	Klimme (*Cissus antartica*) oder Tonkinwein (*Tetrastigma voinierianum*)	9	Zimmerlinde (*Sparmannia africana*)		

Pflanzen & Accessoires

Sie haben eine Vorstellung von den acht verschiedenen Lebensbereichen erhalten, die jedes menschliche Leben ausmachen.

Indem Sie gedanklich durch die acht Gärten gewandelt sind, haben Sie eine Idee vom Lebensweg bekommen. Ein oder zwei Gärten lehnen Sie möglicherweise ab, ein oder zwei haben Sie beschäftigt.
Wenn Sie in die Gärten, die Ihnen gefallen haben, gehen, beschäftigen Sie sich vielleicht mit einem Lebensbereich, den Sie gerade in Ihrem Leben durchlaufen. Schauen Sie sich um: Welche Pflanzen finden Sie? Welche Elemente prägen den Garten? Hier finden Sie zu jedem Element Accessoires und Pflanzen, die Sie mitnehmen können in Ihren Garten, in Ihre Welt.

Holz

Der Heilgarten und der Fruchtbarkeitsgarten sind dem Element Holz zugeordnet. Die Verwendung der Pflanzen erfolgt entsprechend der Themen: Heilend ist es, die Wurzeln zu finden und glücklich ist, wer ein Ziel verfolgt.

▸ Heilgarten
Accessoires: Pergola aus Holz, wurzelähnliche Holzskulpturen, Holzpfähle, Pflanzkübel aus Holz. Holzstühle und Bänke.
Pflanzen: Lorbeer, Duft-Pelargonien, viele Heilkräuter, Gräser wie Chinaschilf, Pampasgras, Lampenputzergras.

▸ Fruchtbarkeitsgarten
Accessoires: Holzwege (die aber zum Ziel führen!), Holzvögel, Klangspiele aus Bambus, Sitzmöglichkeiten.
Pflanzen: Bambus, Kapuzinerkresse, Schling-Knöterich, Eibe, Wacholder, Lorbeer.

Feuer

Der Wintergarten ist dem Element Feuer zugeordnet. Das Feuer unterstützt das Element Erde und kontrolliert Metall und spielt damit im Kinder-Garten und „Patchworkgarten" auch eine Rolle.

▸ Wintergarten:
Accessoires: Beleuchtung durch Spotstrahler, Gartenleuchten, Fackeln oder japanische Steinlaternen. Grillmöglichkeiten, Kamin, rote Bodenbeläge und dreieckige Formen. Auch kleine Gartenzwerge und Kobolde gehören dazu.
Pflanzen: Alle Pflanzen mit spitz zulaufenden Blättern wie die Agave, Yucca-Palme, Kanarische Palme, Fächer-Palme oder Ananas. Auch rot blühende Pflanzen: Rose, Flamingoblume, Zier-Pfeffer, Hibiskus, Amaryllis, Brennende Liebe, Gladiolen.

zur Stärkung der Themengärten

Erde

Das Element Erde stärkt den Liebesgarten und den Meditationsgarten. In beiden Gärten erzeugt das Erdelement die Ruhe, einerseits zur inneren Sammlung und andererseits zur innigen Verbindung.

▸ Liebesgarten
Accessoires: Töpfe aus Terrakotta, Keramikschalen und Figuren aus Ton, zwei kleine quadratische Sandgärtchen für die Fensterbank.
Pflanzen: Heidepflanzen, Kamille und Waldmeister, Liguster und Apfelbaum.

▸ Meditationsgarten
Accessoires: Ein ruhiges Plätzchen mit Steinbank und erdiger Wand im Rücken, ein rotbraun gepflasterter Platz mit Zentrum.
Pflanzen: Wacholderhecke, Zistrose, Winterjasmin, Zwergmispel (*Cotoneaster*), Salbei und Waldrebe.

Metall

In dem Element Metall zugeordneten Gärten trägt das Metallelement zum Wohlstand bei: Einmal im Bewusstsein der Vielfalt und auch in der verzaubernden Heiterkeit und Neugier.

▸ „Patchworkgarten"
Accessoires: Metallskulpturen und Steine, Metallstühle und Tische, Metallzäune.
Pflanzen: Alle kugelförmigen oder als solche gestalteten Pflanzen wie Buchsbaum, Kamelie, Bergenie, Flieder, Hortensie, Heiligenkraut.

▸ Kinder-Garten
Accessoires: Halloween-Kürbisse im Herbst, Metallspielgeräte, Metallblumen und Metalltiere.
Pflanzen: Kürbis, Gänseblümchen, Wandelröschen (*Lantana*), Hopfen, Radieschen und Rettich, Erbsen.

Wasser

Der Kraftgarten ist dem Element Wasser zugeordnet. Es steht für das Dunkle, Formlose und Fließende und birgt eine Gefahr bei Bewegung. Wasser wirkt unterstützend im Heilgarten.

▸ Kraftgarten
Accessoires: Alle Glas- und Spiegelelemente: Sie sind fließend und ohne Form, sie lassen das Licht hindurch oder sie spiegeln. Alle Wasserelemente: ein ruhiger Teich, eine kleine Vogeltränke, ein kleiner Springbrunnen oder ein Quellstein.
Pflanzen: Alle kletternden Pflanzen mit ihrer geschwungenen Linienführung wie Blauregen oder Jelängerjelieber. Funkien und andere Blattschmuckpflanzen zeichnen ein wellenförmiges Bild.

Energie für die Sinne

Wie zeigt sich
das Chi?

Das Chi ist die Ur-Energie, die Yin und Yang umschließt, die alles beseelt und mit unerschöpflicher Lebenskraft versorgt. Sie entfaltet ihre Energien nur dann, wenn sie fließen kann. Dort, wo das Chi ungestört fließen kann, sind wir gesund. Die Chi-Energie zeigt sich in den Formen der Landschaft und in dem Wachsen der Pflanzen.

Schlechtes Chi

Pflanzen können zur Stagnation von Energien beitragen, wenn sie einen Eingang zuwuchern und zu intensive Energien ausstrahlen, etwa eine große Yucca-Palme neben einer Bank.

Orte, an denen wir krank werden, so genannte „Störzonen", können wir an bestimmten, dort wachsenden Pflanzen erkennen. Diese Pflanzen widerstehen den krank machenden Einflüssen und halten für uns, wenn wir nicht ausweichen können, ein Abwehr stärkendes Heilmittel bereit.

Sinne und Gefühle beleben

Das Chi eines Ortes oder von uns Menschen selbst kann belebt werden, indem die Atmosphäre bereichert und unsere Sinne sensibilisiert werden. Farben, Düfte, Aromen und vielfältige Oberflächenstrukturen von Blättern, Blüten und Früchten können dazu beitragen. Die wirksamste Belebung des Chi erfolgt mittels unserer eigenen Gedanken und Gefühle. Unsere Gedankenwelt ist voller Vorstellungen und innerer Bilder. Eine positive Lebenseinstellung allein bewirkt schon wahre Wunder.

Gefühle für Rhythmen stärken

Der Garten vermag unser Gefühl für die Jahreszeiten zu stärken. Sie können ein Bewusstsein für Zyklen und Rhythmen schaffen, indem Sie Pflanzen verwenden, mit denen man jeweils eine bestimmte Jahreszeit assoziiert. Die Pflanzen zeigen uns auch die Vergänglichkeit und den Wandel der Energien, beispielsweise der Mohn oder die Pusteblume.

Schlechtes Chi: Die Weide wuchert den Hauseingang zu!

Der Mohn zeigt das sich schnell wandelnde Chi: die Vergänglichkeit in der Natur.

Störzonen-Zeigerpflanze	zeigt an	hilft bei
Eiche	Wasseradern	Allergien
Weide	Sumpfgebiete	Rheuma
Efeu	Wasseradern	Bronchitis
Schlehe	Wasseradern	Erschöpfung
Misteln	Krebspunkte	Tumore
Ackerschachtelhalm	Übersauerung des Bodens	chronischen Entzündungen

Farbe

Farben und Farb-wirkung

Farbe ist Licht unterschied-licher Wellenbereiche und damit Schwingungsfrequenz, das uns stärken kann. In der Form der verschiedenen Blüten erleben wir Farbe auf sehr attraktive Weise. Viele Menschen genießen die Far-benpracht eines Beetes mit Stauden oder einjährigen Beetpflanzen. Ein buntes Blumenbeet bedeutet oft Lebensfreude und eine deut-liche Stärkung unserer Lebensenergie. Doch zu vie-le Farben auf kleinem Raum können zu Unruhe und Unwohlsein führen. Da alle Farben Reaktionen hervor-rufen, sollten Sie sich über-legen, was Sie brauchen und welche Farbwirkung Ihnen wirklich behagt. Meist ist weniger mehr!

Farbe und Bedeutung fürs Leben

Jede Blütenfarbe wirkt sich psychologisch und im Unter-bewusstsein auf ganz unter-schiedliche Bereiche unseres Lebens aus.

Farbenfrohe sommerliche Staudenrabatte.

▸ **Weiß** ist die Farbe der Reinheit. Sie bewirkt eine Klärung in uns und schafft eine Verbindung zu unse-rem Selbst. Weiß enthält alle Farben des Farbspek-trums und kommt in der Natur meist in Kombination mit einer anderen Farbe vor.
▸ **Gelb** ist die Farbe der geis-tigen Klarheit. Gelb ist das Licht und im übertragenen Sinn auch der Vernunft, es schenkt uns Heiterkeit, Wär-me und Selbstbewusstsein und beruhigt die Nerven.
▸ **Orange** wirkt stimulierend, stärkt den Konsens in Gesprächen und fördert die Verschmelzung in der Bezie-hung. Außerdem ist Orange hilfreich bei psychosomati-schen Beschwerden.
▸ **Rot** ist die Farbe der Bewe-gung und der Leidenschaft. Die Betrachtung von Rot lässt unseren Blutdruck stei-gen und regt unsere Gehirn-tätigkeit an. Zuviel Rot führt zur Aggressivität.
▸ **Grün** steht für Entspan-nung und Veränderung. Indem wir entspannen, fin-den wir inneren Frieden,

werden ausgeglichen und regenerieren uns für neues Wachstum.

▸ Blau beruhigt, fördert die Innenschau und die Spiritualität. Die Farbe wird in der Meditation eingesetzt, da sie den Blutdruck senkt und unseren Intellekt für eine andere Ebene öffnet.

▸ Violett hilft dabei, Probleme ganzheitlich zu lösen, indem eine Verbindung zur Seele hergestellt wird.

Intensität der Farbe

Je nach Jahreszeit verändert sich mit der Lichteinstrahlung, der Temperatur und der Luftfeuchtigkeit die Welt der Blüten und Blattfarben um uns. Die Frühlingsfarben sind zart und haben einen gelblichen, hell schimmernden Unterton, das Chi ist erhellend. Im Sommer wirken die Farben wärmend mit ihrer strahlen-den Leuchtkraft, das Chi ist wärmend. Die Herbstfarben der Blüten haben manchmal einen goldenen Schimmer und strahlen eine besondere Atmosphäre aus, das Chi ist atmosphärisch. Im Winter liegt ein schillerndes Glitzern auf dem Eis, das Chi ist fließend.

Auch an den Veränderungen der Farbqualität im Lauf des Jahres zeigen sich die verschiedenen Aspekte des Chi.

Farbe	Wirkung	Blütenpflanzen
Weiß	Reinheit, Klarheit	Lilie, Margerite, Christrose, Hyazinthe, Hortensie
Gelb	geistige Klarheit, heiter, fröhlich	Schafgarbe, Gemswurz, Osterglocken, Nachtkerze, Forsythie, Ginster, Goldregen, Goldrute
Orange	Verschmelzung, sinnlich stimulierend	Ringelblume, Taglilie, Zinnie, Canna, Goldlack, Sonnenhut
Rot	Energie, Leidenschaft, anregend	Brennende Liebe, Mohn, Tulpe, Pfingstrose, Gladiolen, Dahlie, Indianernessel
Grün	Wachstum, innerer Frieden, ausgleichend	Nieswurz, Muschelblume, Wolfsmilch
Blau	Spiritualität, Intellekt, beruhigend	Glockenblume, Skabiose, Rittersporn, Hortensie, Immergrün, Vergissmeinnicht, Lein
Violett	Verbindung zur Seele, problemlösend	Lauch-Arten, Iris, Sommerflieder, Rhododendron, Flammenblume, Eibisch

Energie für die Sinne

Entdecke den Jahresrhythmus!

Frühling

Der Frühling ist eine Zeit des Erwachens und des kraftvollen Austriebs. Es ist die Zeit des Säens und der Hoffnung. Alles dehnt sich aus und wandelt sich. Die Symbolpflanze für das Frühjahr ist in Japan die Iris. Wir verbinden mit dem Frühjahr das Schneeglöckchen, die Osterglocken und die Krokusse. Welche Pflanze verbinden Sie mit dem Frühling?

Sommer

Im Sommer erleben wir die Blüte und die Leidenschaft. Es ist eine Zeit der Wärme und voller Freude. Wir können im Garten eine unglaubliche Vielfalt an Lichtmustern wahrnehmen: ein Blütenmeer! In Japan steht die Pfingstrose und die Lotosblume als Symbol für den Sommer. Wir denken an die Rose und im August an die Sonnenblume. Welche sind „Ihre" Sommerblumen?

Herbst

Die Zeit des Herbstes ist die Erntezeit. Es wird Bilanz gezogen und es beginnt sich alles zu klären. Die Atmosphäre reinigt sich und das Laub fällt von den Bäumen. In China und Japan ist die Chrysantheme neben dem Laubfall des Ahornbaumes das Symbol des Herbstes. Auch in Europa verbinden wir den Laubfall mit dem Herbst. Welcher Baum verliert in Ihrem Garten das Laub?

Winter

Im Winter beginnt die Zeit des Träumens. Sie können in die verzauberte, glitzernde Traumwelt aus Schnee oder Raureif eintauchen und daraus Kraft für das nächste Jahr schöpfen. In Asien steht der Bambus mit seiner Kraft und Beweglichkeit als Symbol für den Winter. In Europa ist es die Tanne oder der kahle Baum. Eine weitere Struktur im Winter ist die Welt der Gräser – welche bevorzugen Sie?

Energie für die Sinne

Duft & Geschmack

Duftpflanzen und Gaumenfreuden sollten in keinem Garten fehlen und auch für den Balkon gibt es viele Möglichkeiten, diese belebenden Energien zu genießen. Schaffen Sie sich Ihr persönliches Aromenreich!

Geschmackserlebnisse

Eine süß-saure Erfrischung bieten Ihnen Erdbeeren, Zitronen, Orangen und Melissentee. Bitter und feurig, aber auch körperreinigend sind der Brennnesseltee und Löwenzahnsalat. Bitter und scharf schmecken fast alle aromatischen Kräuter, die auch auf der Terrasse im Kasten oder Topf ein schönes Stillleben abgeben. Salzig sind eingelegte Oliven vom Olivenbäumchen und süßlich schmecken Erbsen und Kürbisse, wenn sie genug Sonne zum Ausreifen bekommen haben.

Aromatische Küchenkräuter für Gaumen und Nase.

Verschiedene Duftnoten der Pflanzen

Der Duft ist die Sprache der Pflanzen. Die dafür notwendigen Aromaträger werden von den Pflanzen in den Blüten, Früchten und Blättern produziert. Es werden auch die Öle und Harze von einigen holzigen Pflanzen verwendet.

▸ **Blumig:** Wenn wir an Pflanzendüfte denken, dann meinen wir meist Blütendüfte. Wir kennen den Lavendelduft, den Duft vom Jasmin, der Rose und der Lilie, um nur einige zu nennen. Die Wirkung der blumigen Düfte ist harmonisierend und lieblich.
▸ **Fruchtig:** Hier erfreuen wir uns an den frischen „Fruchtdüften" wie dem der Zitrone und der Mandarine sowie

Duftendes Balkon-Ambiente lädt zum Entspannen ein!

der Bergamotte. Die Wirkung der fruchtigen Düfte ist belebend und konzentrationsfördernd.

▶ **Aromatisch:** Die Blätter vieler Küchenkräuter und Heilpflanzen wollen berührt werden. Erst dann verströmen sie ihren würzigen Geruch. Sie kennen das Basilikum, den Eukalyptus, den Lorbeer, Thymian, die Minze, den Rosmarin, Salbei, Thymian, Waldmeister

und Wermut. Der aromatische Duft wirkt energetisch und meist reinigend sowie heilend.

▶ **Holzig:** Bekannt sind das herb duftende Harz der Fichten und anderer Nadelbäume sowie des Sandelholzes. Die Wirkung der Harze ist meist erdend und weitend.

SMART

Dufter Tipp

› **Hochgezüchtete** Stauden und viele Rosen haben keinen Duft mehr. Kaufen Sie nur Pflanzen, deren Duft Sie vorher gerochen und als angenehm empfunden haben. Stark aromatische Pflanzen sollte Sie nicht ins Kinder- oder Schlafzimmer stellen.

Tasten & Begreifen

In unserer überwiegend visuell ausgerichteten Umwelt verkümmern unsere übrigen Sinne, ganz besonders der Tastsinn. Zum Teil wird unser sensorisches Bedürfnis sogar untersagt: „Berühren verboten!". Beginnen Sie wieder bewusst, Dinge zu begreifen oder Oberflächen zu erspüren: Sie werden sich lebendiger fühlen!

Materialien im Garten

Neben den Pflanzen gibt es im Garten noch eine ganze Reihe anderer Dinge, die darauf warten, von Ihren Händen entdeckt zu werden. Da gibt es Sand, den nicht nur Kinder gerne durch die Hände rinnen lassen, und Steine, die sowohl rau und scharfkantig als auch rund und glatt sein können. Sie können Holz ertasten, das hart ist wie das des Buchsbaums oder auch weich wie Kiefernholz. Vergleichen Sie die glatte Rindenstruktur einer Buche mit der rissigen Borke einer Eiche – und wie fühlt sich die Rinde einer Birke an? Es gibt Früchte und Fruchtstände, die sich glatt und weich anfühlen wie eine Kastanie, die von ihrer Stachelhülle befreit wurde. Mit Widerhaken bewehrte Kletten oder Disteln pieksen in die Haut. Manchmal besitzen Früchte eine harte, geriffelte Struktur wie die Walnüsse oder die Zapfen.

Oberflächenstruktur der Blätter

Jedes Blatt ist ein Wunder. Es ist voller Energie, nimmt

Das feingliedrige Heiligenkraut animiert zum Berühren.

sie auf, wandelt sie um und gibt sie auch wieder ab. Es kann uns berühren, anrühren und lädt zur Berührung ein. Unsere Hände erspüren die Form des Blattes, sie ertasten die Oberfläche und fühlen die Temperatur des Blattes.

▸ **Weich und haarig:** Blätter, an denen man nicht vorbeigehen kann, ohne sie zu berühren, sind die weich behaarten Blätter der Zimmerlinde (*Sparmannia*) und des Woll-Ziestes (*Stachys lantana*) oder auch der Apfel-Minze.

▸ **Feingliedrig:** Es gibt ganz zarte Blätter mit einer feingliedrigen Struktur wie die des Fenchels und des Schmuckkörbchens (*Cosmos*), die die zarte und verspielte Seite in sich vereinen. Und man kann das zart wirkende Heiligenkraut (*Santolina*) entdecken, das sich trotz aller Feingliedrigkeit ein wenig rau anfühlt und damit Zähigkeit beweist.

▸ **Ledrig und glatt:** Blätter, die fest und glatt sind, besitzen Lorbeer und Stechpalme (*Ilex*) sowie Rhododendren. Sie begleiten uns auch durch den Winter. Die Rhododendronblätter zeigen uns, wie kalt es draußen ist:

Das Salbeiblatt fühlt sich unerwartet rau an!

SMART

Handschmeichler

▸ **Mit Qi-Gong-Kugeln** bringen die Chinesen ihr Körper-Chi in Bewegung. Mit Ihrem persönlichen Natur-Handschmeichler, den Sie in Ihrer Hosentasche erspüren, können Sie vielleicht Ihren Gemütszustand entspannen und Ihren Körper vitalisieren.

Sie rollen ihre Blätter bei Kälte zusammen und lassen sie fast senkrecht hängen. Bei wärmeren Temperaturen richten sie sich waagerecht auf und breiten sich flach aus.

▸ **Besonders** sind die Blätter des Salbeis wegen ihrer rauen Struktur und die fingerteiligen Blätter der Duft-Geranie mit ihren verschiedenen Aromen. ●

Energie für die Sinne

Die Beschützertiere

Schildkröte

Drache

Auf unserem Weg, den richtigen Platz zu finden, können uns die fünf Beschützertiere helfen. Die Chinesen haben die Frage nach dem richtigen Ort, dem passenden Arbeitsplatz, dem angemessenen Platz in der Familie oder in der Schule zu einer philosophischen Frage erhoben. Sie stellen die Frage, wie der Mensch seinen Platz zwischen Himmel und Erde finden kann. Ein sehr einfaches und symbolträchtiges System ist das der fünf Tiere, wobei vier Tiere die Himmelsrichtungen und ein fünftes die Mitte, den Menschen, darstellen. Das System der Beschützertiere regt uns an, die Gestaltung unserer Umwelt gezielt wahrzunehmen, unser instinktives Verhalten ins Bewusstsein zu holen und die räumliche Wahrnehmung zu schulen.

Die Schildkröte ist in der Symbolik schwarz. Sie wird dem Norden und dem Element Wasser zugeordnet.

▸ **Bedeutung:** Die Schildkröte verkörpert das Bedürfnis nach Sicherheit und Schutz durch ihren harten Panzer. In der Natur ist der Schutz vor dem kalten Nordwind gemeint, in der Stadt ist der Schutz vor Blicken oder hektischer Betriebsamkeit wichtig. Im Garten brauchen wir einen geschützten Sitzplatz.

▸ **Gestaltung:** Schutz gewährt uns ein Hügel, ein Zaun, eine Mauer, eine Gebäudewand, starke Bäume oder ein dichtes Gebüsch. Fehlt uns diese Form der Abschirmung, müssen wir selbst einen Panzer entwickeln und vergeuden dabei kostbare Energie.

Das Symboltier Chinas ist ein blaugrüner Drache. Er wird dem Osten und dem Element Holz zugeordnet.

▸ **Bedeutung:** Der Drache ist in China sehr positiv besetzt. Er gilt als weitsichtig und klug und verkörpert einen mächtigen Wächter. Er stellt den aktiven Yang-Aspekt dar, sorgt für Beständigkeit und Wohlstand und gibt Geborgenheit. Wir brauchen im Garten die Weisheit eines alten Laubbaumes.

▸ **Gestaltung:** Geborgenheit vermittelt eine hohe Hecke, ein größerer Baum, der Erdverbundenheit ausstrahlt, oder ein Hügel. Fehlt sie, so können wir uns nicht unserem Naturell gemäß bewegen. Wir fühlen uns gehemmt und nicht inspiriert.

Schlange

Die Schlange ist in der Symbo-lik gelb. Sie wird dem Zentrum zugeordnet und dem Element Erde.

▶ **Bedeutung:** Die Schlange stellt den Mittelpunkt dar. Das Zentrum bildet in China der Kaiser, dem auch die Farbe gelb vorbehalten war. In der Mitte eines Gartens oder auf einem Platz fühlt man sich nur dann wohl, wenn man sich sicher und geborgen fühlt, eine gute Aussicht hat und voller Taten-drang steckt.

▶ **Gestaltung:** Die harmoni-sche Gestaltung des Gartens mit Hilfe der Elemente trägt zu einem lebendigen Chi bei, das Sie einlädt, in seiner Mitte Platz zu nehmen. Vernachlässigen Sie Bereiche Ihres Gartens, fehlt das Zentrum – die Schlange verschwindet.

Phönix

Das Symboltier Phönix ist in der Symbolik rot, wird dem Süden und dem Element Feuer zugeordnet.

▶ **Bedeutung:** Der Phönix ist ein mystischer Vogel, der Weit-sicht, Schönheit, Inspiration und Offenheit in sich vereint. Ein Vogel sieht die Dinge aus einer anderen Perspektive. Auf den Garten übertragen bedeu-tet das, dass der Blick in die Ferne schweifen kann.

▶ **Gestaltung:** Geistige Frei-heit entsteht, sobald Sie Zuver-lässigkeit, Ordnung, Pflicht-gefühl nicht als Hindernisse oder Wand sehen, sondern wenn Sie sich im Einklang mit der Ordnung und mit Ihrem Platz in diesem Rahmen bewegen. Sie müssen den Boden und das Klima in Ihrem Garten annehmen.

Tiger

Der Tiger ist in der Symbolwelt weiß, er wird dem Westen zugeordnet und dem Element Metall.

▶ **Bedeutung:** Der Tiger ist tatkräftig und wendig. Der dem Tiger zugeordnete Yin-Aspekt deutet auf praktische und materielle Dinge und Wohlstand hin, die der Tiger auch aggressiv verteidigen wird. Im Garten zeigt sich das in halbhohen, überschaubaren Sträuchern und Stauden, die Reichtum verkörpern.

▶ **Gestaltung:** Wenn wir uns das Vergnügen, den Spaß und den Austausch mit Freunden nicht gestatten, weil wir mei-nen keine Zeit zu haben, wer-den wir irgendwann aggressiv. Gönnen Sie sich etwas und freuen Sie sich im Garten auf die Erntezeit!

Bedeutung des Ortes

In China wird auf die Wahl eines Ortes viel Zeit verwendet. Darin kommt zum Ausdruck, dass sich der Mensch als ein Teil seiner Umwelt fühlt und dass er in dieser Welt nur dann seine Aufgabe erfüllen kann, wenn ihm klar ist, auf welchen Platz er gehört und er diesen auch einnimmt. Die Betonung, ein Teil des Ganzen zu sein, ist uns in der heutigen Zeit in Europa weitestgehend fremd. Wir betonen eher die individuelle Entfaltungsmöglichkeit. In der Begegnung mit der asiatischen Denkweise wird uns bewusst, dass das Orientierungsmuster in Bezug auf den Ort die Ortsbindung ist. Wenn Sie einen Garten anlegen oder ein Haus bauen, dann sind Sie gezwungen, auf Ihre Umgebung zu reagieren. Je genauer Sie Ihre Umgebung kennen, desto besser wird Ihnen das gelingen. Erst, wenn Sie den Boden, die Witterung und die Vegetation der Umgebung kennen und beobachten, werden Sie lernen, welche Pflanzen dort gedeihen. Die Landschaft kann zu Ihnen sprechen, wenn Sie sie wahrnehmen und beginnen, sich auf sie einzulassen. Der Gartenstil ist der vom Menschen geprägte Aspekt. Ein Garten, der auf seine Umgebung bezogen ist, kann trotzdem individuell gestaltet sein. Verwenden Sie Ihre Lieblingspflanzen und setzen Sie persönliche Urlaubserinnerungen im Garten um, anstatt vorgefertigte Pläne zu verwirklichen oder Accessoires aus dem Baumarkt zu kaufen!

SMART

Kleine Dinge – große Wirkung

› **Schlechtes Chi** geht von Pflanzen aus, die verwelken oder krank sind. Trennen Sie sich von Pflanzen, die nicht mehr zu Ihnen passen und die nicht mit der Umgebung harmonieren. Sie reinigen damit Ihr Umfeld. Beobachten Sie ihre Umgebung: Was dort üppig wächst, passt vielleicht auch in Ihren Garten. Folgen Sie Ihrer Intuition, treten Sie in Dialog mit Ihrem Garten und setzen Sie Erkanntes um!

Äußere und innere Umgebung erkennen

Das Wesentliche für die Wahl des Ortes ist der unmittelbare Schutz. Das Wichtigste im Garten ist ein geschützter Sitzplatz mit schöner Aussicht, wenn Sie ihn wirklich genießen und darin leben wollen. Eine Bank lädt durch die schützende Mauer im Hintergrund und den Pflanzenbestand zum Ausruhen und Beobachten der Umgebung ein. Wichtig für die innere Umgebung des Gartens ist es, auf die Form des Gartens zu achten.

Energiefluss wahrnehmen

Mit Hilfe des Baguas können Sie nicht nur die Lebensbereiche eines Gartens und mögliche Fehlbereiche erkennen, sondern auch den Energiefluss wahrnehmen. Sie werden feststellen können, ob Ihre Mitte gemäß dem Bagua-Raster leer und geräumig ist oder vollgestellt und wie die einzelnen Bereiche miteinander ver-

Geschützter sonniger Sitzplatz zum Genießen.

bunden sind. Wenn Sie die professionelle Hilfe eines Feng-Shui-Beraters (siehe Seite 62) für eine Analyse in Anspruch nehmen wollen, sind auch das Baujahr des Hauses und Ihre persönlichen Daten wichtig.

Gegenmaßnahmen schaffen

Kein Grundstück und kein Garten ist perfekt. Meist gibt es Bereiche in der Umge-

bung oder im Garten selbst, die wir gerne bearbeiten würden. Häufig spiegeln die Umgebung, die Wohnung oder auch der Garten unsere eigenen Lebensthemen wieder. Wenn Sie an Ihrem Thema arbeiten wollen, können Sie das auf der psychischen Ebene tun oder aber auch, indem Sie mit Ihrer Umgebung arbeiten. Jede Veränderung in Ihrer Wohnung oder in Ihrem Garten hat auch Auswirkungen auf die Persönlichkeit.

Sie können bedrohliche Energien durch Spiegelskulpturen aus Glas, Spiegeln oder Metall reflektieren oder ablenken, durch Mauern, Wände oder einen Sichtschutz im Garten blockieren, durch ein Kontrollelement vernichten und durch Verwendung spezieller Materialien absorbieren. Der Erfolg dieser Maßnahmen hängt von der richtigen Platzierung und Dosierung ab. Für einen professionelle Herangehensweise ist die Arbeit mit einem Feng-Shui-Berater sinnvoll. ●

Infoecke

Feng Shui Beratung

▸ **Internationales Forum:**
Feng Shui e.V.
Geschäftsstelle Deutschland
Am Wapelsberg 32
51469 Bergisch-Gladbach
Tel.: 01805/240888

▸ **Feng Shui Beraterin**
Margitta Rosenau
Gerichtstraße 17
22765 Hamburg

m.agenta@hamburg.de

Hilfreiche Adressen

▸ **Deutscher Berufsverband**
mit Beraterverzeichnis,
Seminaren und Ausbildung
Berufsverband für Feng Shui
und Geomantie e.V.
Friedenstraße 20
97072 Würzburg
info@fengshui-verband.de
www.fengshui-verband.de

▸ **DFSI Deutsches Feng Shui
Institut**
Thomas Fröhlich und
Katrin Martin
Selzenstraße 23
79280 Freiberg-Au
deutsches@fengshui-insti-
tut.de
www.dfsi.de

Zur Autorin

▸ **Regina Engelke,** Jahrgang
1969, hat eine Ausbildung
zur Gärtnerin absolviert
und anschließend Garten-
bau- und Kommunikations-
wissenschaften mit dem
Abschluss Diplom-Inge-
nieurin studiert. Seit 1996
beschäftigt sie sich intensiv
mit *Horticulture Therapy*
und *people plant relation-
ship*, der Verbindung von
Mensch und Pflanze. Seit
2002 ist Regina Engelke
freiberuflich im Bereich
Gartentherapie und kultu-
reller Gartenarbeit tätig.
Ausführliche Informatio-
nen erhalten Sie unter
www.imlebensnetz.de

Literatur

▸ **Gan, Shaoping**
Die chinesische Philoso-
phie, Darmstadt, 1997

▸ **Kingston, Karen**
Heilige Orte erschaffen
mit Feng Shui,
München 2003

▸ **Wilhelm, Richard**
I Ching oder das Buch der
Wandlung, München 1999

▸ **Wong, Eva**
Feng Shui, Berlin 1997

▸ **Zaremba, Nicole; Klaus
Holitzka** Feng Shui Energie-
bilder, Darmstadt 2000

Bildquellen

Umschlagfoto hinten li.:
Reinhard, Nils;
Umschlagfoto hinten re.:
Reinhard, Hans.
BKN Strobel Seite 52 u.
GBA/Didillon Seite 9.
GBA/Nichols Seite 2/3, 8,
17, 45 re., 53 u.
GBA/Noun Seite 4, 6/7.
GBA/Wegler Seite 44 li.
Reinhard, Hans Seite 5, 11,
14, 44 re., 46/47, 49, 50,
52 o., 53 o., 57, 61.
Reinhard, Nils Seite 16, 21,
24/25, 45 li., 58 re., 59 li.,
M. und re.
Strauß, Friedrich Seite 12,
13, 15, 18, 19, 20, 45 M.,
48, 54, 55, 56.
akg-images Seite 58 li.
Alle Zeichnungen fertigte
die Autorin an.

Impressum

**Bibliografische Information
der Deutschen Bibliothek**
Die Deutsche Bibliothek
verzeichnet diese Publika-
tion in der Deutschen
Nationalbibliografie;
detaillierte bibliografische
Daten sind im Internet
über http://dnb.ddb.de
abrufbar.

Lektorat: Karin Wachsmuth
**Covergestaltung und
Layout:** X-Design, München
DTP: juhu media,
Susanne Dölz, Bad Vilbel
Druck und Bindung:
Litotipografia-editrice
Alcione, Trento
Printed in Italy
Umschlagfoto vorn:
Botanica/mauritius images

ISBN 3-8001-4825-0

Haftung

Die Autorin und der Ver-
lag haben sich um richtige
und zuverlässige Angaben
bemüht. Fehler können
jedoch nicht vollständig
ausgeschlossen werden.
Eine Garantie für die Rich-
tigkeit der Angaben kann
daher nicht gegeben wer-
den. Haftung für Schäden
und Unfälle wird aus
keinem Rechtsgrund über-
nommen.

Infoecke

Das Bagua und seine Bereiche

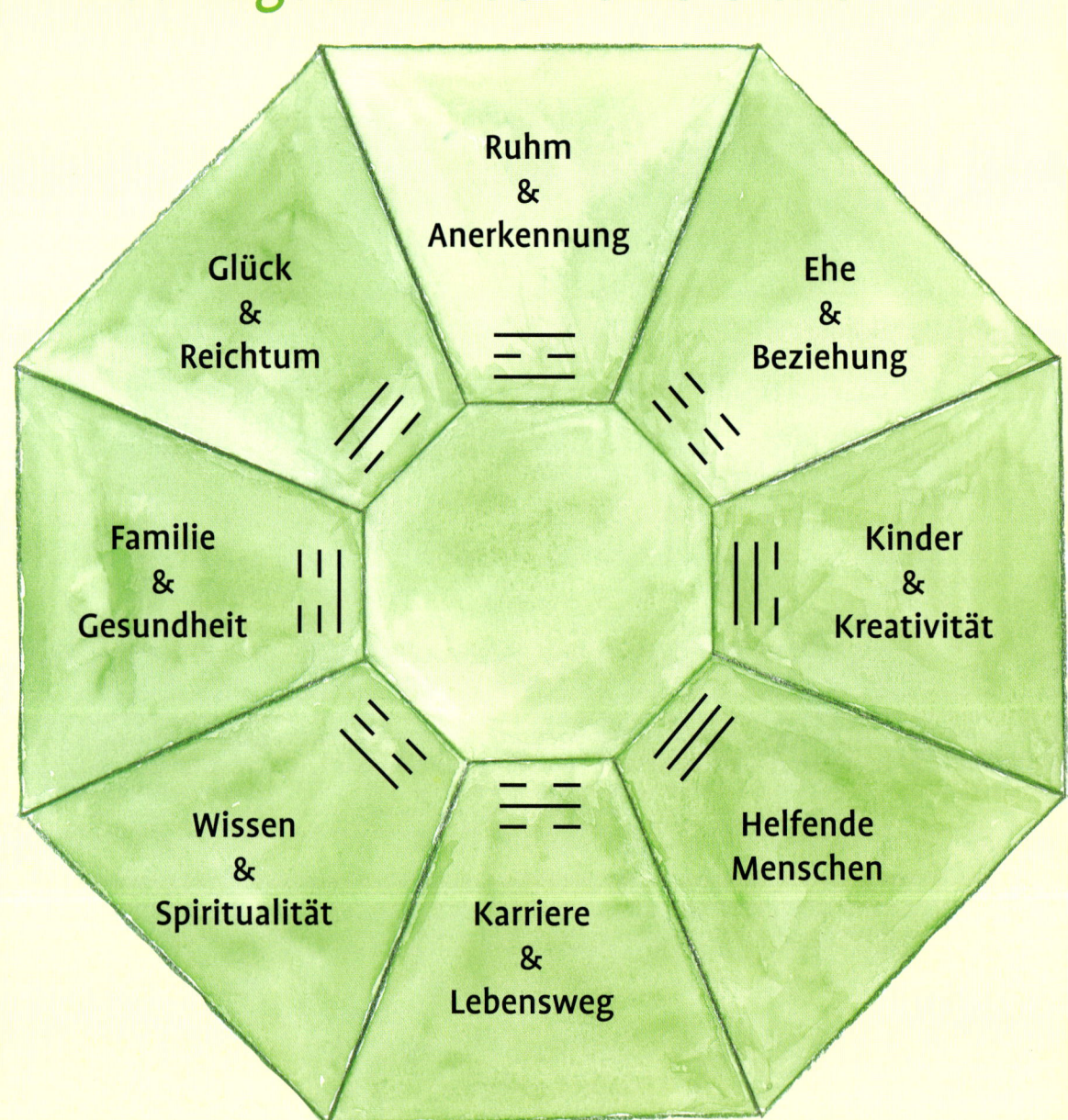